AF339836

ÈRE DE 1830.

LE RIFLARD COUVRANT LA COURONNE.

*Un trône orné d'emblèmes bourgeois, en attendant
son entourage d'institutions républicaines.*

AVIS AU LECTEUR.

Guillaume III, après avoir pris possession du trône de la Grande-Bretagne, indisposa par sa politique le parti Whig qui l'avait fait roi ; il reçut alors une lettre anonyme d'un Whig mécontent. L'auteur de cette lettre resta pendant longtemps inconnu : plus tard cependant on l'attribua à M. Wharton, un des hommes influents du parti Whig.

En 1838, l'ex-roi Louis-Philippe reçut également une lettre, mais elle n'était pas anonyme ; celui qui l'écrivit la signa ; aujourd'hui il la livre au public, comme un document de l'histoire de ce règne.

GROVESTINS.

AU ROI LOUIS-PHILIPPE.

SIRE,

Voilà plus de huit années que vous régnez ; qu'il me soit permis de jeter un coup d'œil et sur votre élévation au trône, et sur la situation politique et morale où se trouve la France à l'époque actuelle.

Vulgairement parlant, votre royauté, Sire, représente le principe de la souveraineté nationale, en opposition avec le principe de la monarchie légitime, qui était l'apanage exclusif des Bourbons de la branche aînée.

Légitimité et souveraineté nationale me paraissent cependant être des mots très-vagues, quand on ne les considère que sous un point de vue abstrait, rétréci.

Un roi légitime, ou de droit divin, est, dit-on, un prince qui ne règne qu'en vertu d'une mission spéciale de la Divinité. La royauté, qui prend sa source dans la souveraineté nationale, tient au contraire son mandat du peuple, dont le vœu est manifesté par la majorité de la nation.

Dans le premier cas, le choix du monarque se fait immédiatement par la Divinité, ou, comme nous ne vivons plus au temps des miracles, le roi s'impose à la nation par la conquête. Dans le second cas, la Divinité choisit le monarque par l'organe de la nation ; car je ne puis raisonnablement supposer que, dans cette seconde hypothèse, on puisse vouloir nier l'intervention de la Providence. Si donc la force des choses contraint le roi légitime à céder la place au roi, l'élu de la nation, c'est que la Providence a jugé ce changement nécessaire; d'où il résulte que ce roi, couronné par la volonté de Dieu, est bien légitimement roi, bien qu'on puisse lui refuser la qualification de roi légitime.

Je ne m'arroge point le droit de discuter si cette royauté doit être considérée comme un bienfait que la Providence entend accorder à la nation, ou comme un châtiment qu'elle veut lui infliger.

Ceux qui donnent la préférence à cette royauté sur celle dite légitime, se diront être en possession d'un bonheur d'autant plus grand, qu'il aura été d'autant plus ardemment désiré par eux.

Ceux, au contraire, qui considèrent la royauté légitime comme le gouvernement modèle, et la royauté émanant de la volonté nationale comme une punition du Ciel, vivront sous celle-ci, comme on vit à l'époque d'une calamité publique. Ils subiront la volonté de Dieu, comme on est tenu de subir tout ce qui vient de lui ; comme on subit la grêle, la famine, la peste, la guerre, et tous ces milliers de maux qu'il plaît à la Providence d'envoyer de loin en loin sur notre globe, pour châtier le genre humain.

Ma prédilection ou mon antipathie pour telle ou telle forme de gouvernement ; mon amour ou ma haine pour telle ou telle famille régnante ou expulsée, ne me fera jamais divaguer au point de méconnaître que c'est Dieu qui est l'arbitre suprême des événements de ce monde, et que dans la chute ou l'élévation des grands de cette terre, je dois, avant tout, mettre la volonté orgueilleuse de l'homme de côté, pour ne reconnaître que la main agissante de Dieu, à moins que, par une aberration d'esprit inconcevable, je veuille positivement me déclarer rebelle ou au-dessus de la volonté de la Providence.

Libre donc aux uns d'applaudir à votre élévation ; libre aux autres de la déplorer ; mais tous, indistinctement, sont tenus d'adorer la volonté du Très-Haut.

En somme, Sire, je suis intimement convaincu que vous régnez de par la volonté de la Providence ; car je ne puis considérer le peuple français que comme l'instrument dont elle se servit pour vous porter au trône. La révolution qui vous y porta a été une haute, une éclatante leçon. Dieu veuille que les annales de la France n'aient plus à en enregistrer de semblables ! Car la plupart du temps, ces jeux de hasard, où une couronne, jetée négligemment sur le tapis vert, est l'enjeu, se jouent au détriment de la pauvre humanité ; elle les paie de son sang et de son avoir. Dieu vous a couronné par l'organe de la nation, ceci me suffit, et je crois que dans son immense miséricorde il a épargné par là bien des malheurs à la France et à l'Europe.

Quant à votre mission, Sire, comme roi des Français, je la considère comme complexe : vous en avez une à remplir à l'égard de la France, et comme représentant de ce royaume en Europe, une mission européenne vous est imposée simultanément.

Votre mission, à l'égard de la France, est rude, Sire, j'en conviens; elle correspond, à peu près, à celle que le roi des Dieux de la Fable imposa à Hercule en lui ordonnant de nettoyer les étables d'Augias.

Qui jamais assista à un débordement de passions viles, sordides, désordonnées, atroces? C'est une gangrène qui est à la veille de gagner toutes les classes de la société en France [1].

Vos généraux, Sire, se rendent plus fameux par leur rapacité et par les pots-de-vin qu'ils se font donner, que par leurs exploits. Le public n'a pas encore oublié l'allusion spirituelle de M. le président Dupin, à Rome devenue vénale depuis sa guerre contre Jugurtha. De nouveaux faits sont là pour rappeler cette piquante sortie qui, d'ailleurs, fut si docilement avalée par celui à qui elle s'adressait [2].

Vos administrateurs supérieurs ne seront fameux dans l'histoire que par leurs marchés scandaleux, par leurs tours

[1] Depuis que ces pages ont été écrites, la corruption fit de si effrayants progrès, que le gouvernement à bon marché promis en 1830, devint un gouvernement qui dévorait tous les ans un milliard et demi. Enfin le mot historique de M. Guizot en dit plus que toute autre chose; on se rappelle sa question aux électeurs de Lisieux, *Vous sentez-vous corrompus?* Une question semblable ne peut se faire qu'en temps de corruption flagrante, patente, quand toute vergogne est mise de côté par les corrupteurs et les corrompus.

[2] Ce mot fut lâché par M. Dupin, à l'occasion d'un reproche de concussion fait au maréchal Clausel pendant son commandement en chef en Algérie; plus tard on eut le procès du général Brossard, et les révélations relatives à certain cadeau de chancellerie fait au général Bugeaud.

de bâton, leur passion pour l'ignoble pot-de-vin [1], et surtout par la manière dont ils savent exploiter vos télégraphes royaux : ceux-ci paraissent n'avoir été inventés que pour fournir l'occasion à des va nu-pieds, d'amasser de grosses fortunes à la Bourse.

Vos juges, Sire, sont plus habiles à dénaturer l'esprit et à torturer le texte du Code, par les subtilités d'une misérable jurisprudence, pour donner gain de cause à de malhonnêtes gens, qu'à rendre bonne et équitable justice à ceux qui ont été dépouillés de leur avoir par d'impudents fripons.

Le barreau n'a pas échappé à la contagion générale ; son éloquence, loin d'être uniquement consacrée à défendre le bon droit, la justice, le faible contre le fort, ne s'est mis que trop souvent au service du vice et de l'immoralité. L'avocat ne rougit plus de flétrir sa toge, en couvrant de l'égide de son nom et de ses éloquents sophismes, ce que la clameur publique signale comme le comble de l'audace et de l'impudeur. Ce n'est pas la nature de la cause qui touche ces modernes disciples des Cicéron et des Démosthène; c'est le lucre ; l'art oratoire s'élèvera chez eux aux plus

---

[1] Cette lettre fut écrite à l'époque du scandaleux procès où M. Gisquet, l'ancien préfet de police, fut si ouvertement flétri. A cette même époque les pots-de-vin de M. Edmond Blanc faisaient également très-grand bruit dans le public.

Plus tard des pairs de France allèrent s'asseoir sur le banc des accusés, et MM. Teste et Cubières furent dégradés pour leurs concussions. La science non plus n'y resta pas étrangère, et les journaux retentissent aujourd'hui du rapport d'un procureur du roi au garde des sceaux à l'occasion de soustractions faites par un membre de l'Institut.

nobles inspirations, si le client est dans une position à pouvoir leur en tenir compte à beaux deniers comptant. Leur éloquence sera pâle, stérile, décolorée, quand Plutus ne se tiendra pas à leur côté pour échauffer leur imagination et faire vibrer la corde de l'intérêt dans leur âme.

La capitale du royaume, ce centre de la civilisation, comme on la qualifie si pompeusement, rivalise à l'heure qu'il est avec la forêt de Bondy, à l'époque de ses plus mauvais jours. Vous en savez quelque chose, Sire ; votre poitrine a pendant longtemps servi de cible aux régicides.

Nous vivons au milieu d'une nuée de voleurs, d'assassins, d'empoisonneurs ; les bagnes vomissent, sans désemparer, le rebut de la société dans cette société même, d'où il semblerait qu'on ne l'eût banni momentanément, que pour l'y voir rentrer plus pervers, plus hideux, mille fois plus à redouter encore. Qui donc s'aviserait de lâcher des loups affamés dans une bergerie ?

Assis au coin de son foyer domestique, on n'est pas certain de n'y point périr sous le poignard ou la hache d'un scélérat. Du train dont on y va, on sera certain, à Paris, de rencontrer la mort au détour de chaque rue, et de retour au logis, la mort vous y attendra encore ; car, pendant votre absence, le crime se sera fait un repaire de votre domicile, et en franchissant le seuil de sa demeure, on sera exposé à le teindre de son sang [1].

---

[1] Dans les premiers temps qui suivirent la révolution de 1830, on eut la pensée généreuse d'abolir la peine de mort, non-seulement pour les crimes politiques, mais aussi pour les assassins. Pendant un temps on recula devant l'application du supplice ; mais les crimes devinrent enfin si fréquents, que force fut de replacer sur les places publiques,

Ainsi nos vies sont à la merci des assassins, notre avoir à la merci des voleurs et des *loups-cerviers*, comme les appelle si pittoresquement M. le président Dupin. Ce que les premiers daigneront nous laisser, les autres ne se feront pas faute de nous en débarrasser, par l'émission d'actions de toute espèce, véritable guet-apens, nouveau *Mississipi* au moyen duquel ils savent faire passer dans leurs coffres forts le patrimoine du riche et du pauvre, de la veuve et de l'orphelin [1]. Ces *loups-cerviers* ne sont autre chose que des détrousseurs patentés ; ils logent dans de somptueux hôtels, roulent dans d'élégants équipages, caracolent sur des chevaux de pur sang, donnent des dîners et des bals, et se plaisent à étaler sur le cou de leurs femmes pour quelques millions de diamants et de rubis, en témoignage irrécusable et dénonciateur du luxe de leur odieux agiotage [2].

Parmi ces *loups-cerviers*, il s'en trouve qui se vantent d'habiter dans des demeures qu'ils tiennent de la munificence nationale. Ils en ont menti ; certes, c'est bien l'argent de la nation qui a payé ces splendides habitations ; mais c'est le fruit de leurs innombrables rapines, c'est

cet instrument, dont le nom seul évoque de si hideux souvenirs. Les drames Lafarge et Praslin font partie de cette lugubre série de méfaits et de crimes.

[1] Qui ne se rappelle le scandale des mines de Saint-Bérain et la plaisanterie, malheureusement trop vraie, des dividendes *antichipés*. Ce fut à la suite de toutes ces opérations scandaleuses que Robert-Macaire et son ami Bertrand acquirent droit de bourgeoisie en France.

[2] On se rappelle l'anecdote sur l'écrin de madame Aguado, qui était jugé trop mesquin par quelques matadors de la Bourse ; cependant cet écrin renfermait pour une valeur de 2 millions en diamants, disait-on à cette époque.

le produit de l'art avec lequel ils savent tondre leurs con-
citoyens.

Ce tableau est vrai, il est exact, Sire ; chaque fait que
j'allègue, je pourrais l'appuyer par la citation d'un nom
propre ; mais je préfère laisser au vice que je stigmatise
la satisfaction de se reconnaître lui-même, et de se nommer
s'il en a l'impudeur.

Ces vices, ces passions sordides marchent la tête haute
au milieu d'une société dont la mollesse, l'abaissement
moral et la dégradation intellectuelle sont une honte pour
la génération présente. Ils bravent ouvertement la répro-
bation, parce que celle-ci n'ose se montrer à front décou-
vert ; et pourvu que la société, timide et lâche, leur fasse
bonne mine dans les salons dorés de la capitale, ils s'in-
quiètent très-peu si on les voue au mépris quand ils ont
tourné le dos.

Voilà pour la France, Sire ; convenez qu'elle est bien
malade, bien profondément gangrenée ; vous régnez sur
une nation où toute foi est éteinte : foi religieuse et foi politique ; où le vice et l'immoralité ne se cachent que trop
souvent sous une apparence de philanthropie et d'indulgen-
ce, qui, au fond, n'est qu'un calcul hypocrite, pour laisser
impuni ce que d'autres peuples moins raffinés punissent et
vouent à l'exécration.

Ce que nous voyons, ce que nous entendons journelle-
ment terrifie l'esprit, et assombrit profondément l'âme ;
on est en droit de se demander si les bienfaits d'une civilisation très-avancée ne peuvent s'acquérir qu'au prix de
si douloureux sacrifices, et si le bien-être matériel aurait
pour conséquence immédiate la démoralisation de l'homme,

cet être créé à l'image de Dieu ? Votre règne, Sire, paraît être destiné à résoudre ce grand, cet immense problème en France. Puisse-t-il l'être dans l'intérêt de l'humanité et dans celui de la morale publique ! Le plus grand bienfait qu'un roi sage pourrait accorder à la France, ce serait d'y faire renaître la foi religieuse sans fanatisme, et la foi politique sans une basse servilité.

En présence de ce débordement qui souille la France, quel serait votre devoir ou celui de votre gouvernement, pour ne m'exprimer que dans un langage constitutionnel ?

Ce devoir serait de mettre la cognée à l'arbre du vice ; ses branches démesurées et son feuillage épais étouffent le bon grain qui pourrait germer en France.

Le devoir de votre gouvernement serait de signaler tant et de si nombreux actes avilissants pour l'humanité à la législature du pays ; de ne point craindre d'aborder franchement et en public une question et un état de choses, dont, je n'en doute point, vous êtes le premier à gémir en secret, Sire, quand vos ministres paraissent n'en tenir aucun compte, préoccupés qu'ils sont exclusivement à se procurer cette majorité parlementaire qui leur assure la possession de leur portefeuille.

Qu'est-ce qui peut retenir vos ministres ? Vous l'apprendrai-je, Sire ? Une fausse honte. On s'est plu, depuis nombre d'années, à proclamer la France le pays modèle en Europe, comme le centre de la civilisation du continent. Aujourd'hui, il faudrait convenir que ceci n'est qu'une illusion ; qu'une lèpre hideuse, infecte, immonde, la couvre, vicie et mine le corps social ; il faudrait demander à ces législateurs des lois sévères pour réprimer le crime et ceux qui ont rêvé, si longtemps, que les châtiments étaient trop sévères ; eux qui se sont évertués, depuis plusieurs années, à émousser la loi, au profit de qui ? non au profit de la société qui périclite, qui souffre, qui se démoralise ; mais du crime et de l'immoralité qui y bénéficient.

Législateurs, prenez garde que l'équitable histoire ne dise de vous un jour : « Vos lois ! elles étaient faites dans » l'intérêt des malhonnêtes gens ; on peut raisonnablement » vous confondre avec eux, pour qui votre sollicitude s'é- » vertuait d'une manière éclatante. »

Sire, ne soyez pas davantage dupe du langage hypocrite ou stupide de ceux qui prêchent des principes délétères pour le corps social.

Rappelez-vous, Sire, que le glaive de la justice est déposé entre vos mains.

Ramenez à l'ordre vos juges qui faiblissent devant la justice, l'éternelle justice.

Châtiez vos administrateurs qui prévariquent et se déshonorent ; ne tolérez point qu'on puisse dire de votre gouvernement qu'il capitule avec l'immoralité, avec la corruption.

Associez à cette œuvre louable la législature du pays, et croyez, Sire, que votre gouvernement grandira aux yeux de la France et des autres nations, quand elles le verront, s'attachant avec fermeté et constance à déraciner le vice, et à purger le sol de la France de tant de misères qui en font la honte et finiront un jour par en faire le malheur.

La session législative va s'ouvrir, Sire, l'occasion est belle ; abordez franchement la question de la réforme sociale dans votre discours d'ouverture aux chambres. La

France demande réparation, justice, depuis longtemps. Demandez-la aux chambres au nom de la France, et vos nobles paroles ne peuvent être reçues des hommes honnêtes et bien pensants qu'avec reconnaissance, qu'avec applaudissement.

De l'intérieur de la France, je reporte mes yeux sur la situation de l'Europe et sur la place que la France est appelée à y occuper. Cette situation est, à peu d'exception près, territorialement parlant, ce qu'elle était quand l'Europe sortit des mains des architectes politiques qui travaillèrent à la réédification de l'édifice européen à Vienne. Mais, moralement, il s'y est opéré une immense révolution depuis 1830.

De 1815 à 1830, l'Europe parut n'être qu'une grande famille, confiée à la direction de plusieurs chefs, qui, à tout prendre, s'entendaient merveilleusement bien.

En prenant place parmi ces chefs, Sire, vous avez désuni ce qui était uni, par une même pensée ; votre élévation sur le trône a créé deux intérêts distincts en Europe, deux pensées. Elle est bien positivement divisée à l'heure qu'il est en deux zones.

Plusieurs publicistes ont désigné ces deux divisions sous le nom de zone absolutiste et de zone libérale. En adoptant cette division, ils placent dans la première tous les peuples et États qui vivent sous le régime d'un gouvernement plus ou moins absolu. Dans la zone opposée ils ont placé tous les pays régis constitutionnellement et en possession d'une représentation nationale. Cette définition, toutefois, me semble être défectueuse.

Je préfère, par conséquent, m'en tenir à une définition

qui me paraît plus claire, parce qu'elle est applicable à la position vraie du continent européen. Je dis que l'Europe est divisée aujourd'hui en Europe occidentale et orientale ; chacune de ces divisions a un intérêt, un avenir très-distincts.

La ligne de démarcation entre l'Europe occidentale et orientale ne serait pas difficile à établir : la première devrait comprendre tous les pays qui ne font pas partie de l'Empire moscovite ; car l'Europe orientale, c'est la Russie.

Malheureusement, cependant, il se trouve deux puissances en Europe qui n'appartiennent ni à l'Occident, ni à l'Orient [1] ; elles s'éloignent des États de l'Occident, parce que leurs gouvernements ont une invincible répugnance pour les institutions politiques des peuples de l'Europe occidentale, tandis qu'elles ne voient pas sans une inquiétude très-fondée, le colosse russe, grandissant outre mesure en Orient, pesant sur elles de tout son poids et menaçant de les écraser tôt ou tard. Ces deux puissances sont la Prusse

---

[1] Ce passage a été écrit dix ans avant que la Prusse fût entrée dans le rang des États régis par une forme de gouvernement constitutionnel. L'assemblée des États, dont le roi de Prusse a doté son royaume, change entièrement la position de la Prusse en Europe ; par là elle s'est rapprochée de l'Europe occidentale, et une barrière morale, plus puissante mille fois que toutes les barrières matérielles, s'est élevée par cela même entre la Prusse et la Russie. A ce titre, l'Europe doit une grande reconnaissance au roi de Prusse, et ceux qui se montrent peu satisfaits de la forme, devraient s'attacher davantage au fond, qui est un triomphe de l'Europe occidentale sur l'Europe orientale.

Au moment où ces pages s'impriment, l'Autriche s'est décidée. L'Europe orientale et occidentale sont désormais bien dessinées ; le nouveau Tamerlan se trouve dans l'isolement.

et l'Autriche. En se tournant vers l'Occident, le mot constitution, semblable à la tête de Méduse, les fait pâlir ; l'assujettissement, prochain ou éloigné, à la domination russe, les épouvante lorsqu'elles jettent les yeux du côté de l'Orient.

Une commotion politique violente pourra seule mettre un terme à l'incertitude qui ballotte les cabinets de Vienne et de Berlin ; et comme les peuples de ces contrées ont plus à craindre des hordes nomades que les flancs de l'Orient pourraient un jour vomir sur elles, que des populations casanières de l'Occident, il est à prévoir que le choix de l'Autriche et de la Prusse ne proviendra pas de leurs cours, mais qu'à l'heure du danger, ce seront les populations qui indiqueront à ces cabinets le parti qu'ils devront prendre et adopter pour s'y soustraire.

Sauf cette région de neutralité entre l'Occident et l'Orient de l'Europe, les positions respectives sont bien nettement dessinées, d'ailleurs.

La Russie est là, menaçante, n'attendant que l'occasion de faire un pas de plus vers l'Occident, de faire un nouveau mouvement en avant de la Vistule sur l'Oder ; mais avant de faire ce nouveau mouvement, avant de faire avancer son centre sur l'Allemagne, elle doit nécessairement tenter d'achever son mouvement sur son aile méridionale, c'est-à-dire prendre pied en Turquie, s'emparer de Constantinople, et devenir ainsi, ce que, Dieu soit loué ! elle n'est pas encore, une puissance maritime formidable.

L'Occident de l'Europe est donc intéressé à empêcher ce nouvel accroissement de puissance de la Russie dans le Midi, pour ne pas devenir ensuite victime d'un nouveau débordement de la puissance russe du côté de l'Allemagne et de l'Europe centrale.

A la tête des puissances de l'Europe occidentale, marchent la France et l'Angleterre : l'une et l'autre sont également intéressées à s'opposer au débordement de la domination moscovite. L'une, comme puissance maritime et commerciale, l'autre, comme grande puissance continentale, mais dont la prépondérance relative s'affaiblirait, si à côté d'elle s'élevait une domination qui la surpassât de beaucoup en étendue, en population et en richesses.

La France et l'Angleterre sont encore placées dans une position à pouvoir dire conjointement à la Russie :

« Tu n'avanceras pas de la largeur d'un pouce, soit sur
» la frontière du Midi, soit sur celle du Nord, soit du côté
» de l'Allemagne. Nous prenons sous notre protection la
» puissance que tu voudrais essayer de violenter, pour la dé-
» pouiller ; nos flottes réunies bloqueront dans ce cas les
» tiennes, et dans la Baltique et dans la mer Noire ; notre
» assistance sera non-seulement accordée pour empêcher que
» tu te livres à de nouvelles spoliations, mais aussi à ces
» peuples que tu as réunis si iniquement à ta domination ;
» à notre voix, ils s'émouvront ; les Finlandais pourraient
» fort bien redevenir Suédois ; les Polonais ressaisir leur
» vieille et respectable nationalité ; les populations maho-
» métanes rentrer sous la domination de la Porte ; la
» Géorgie, redevenir province de la Perse. Ainsi attaquée,
» traquée, sur tant de points en même temps, tu ne sauras
» où courir le premier, et tant de peuples divers, ayant à
» venger tes longues, tes cruelles spoliations, se donneront
» rendez-vous dans le centre de ton empire, pour se ven-

» ger de l'ennemi qui leur a coûté tant de soupirs, de lar-
» mes, de trésors et de sang. »

Voilà, Sire, ce que l'Europe peut attendre de l'Angle=
terre et de la France réunies ; elle peut l'attendre avec
raison, parce que ces deux puissances sont dans une position
à pouvoir le faire, du jour où le salut de l'Europe et de la
civilisation le commandera.

La France et l'Angleterre n'ont-elles pas d'ailleurs une
grande, une immense faute politique à réparer ? Elles restè-
rent spectatrices impassibles du partage de la Pologne, de
la destruction de cette antique nationalité qui combattit si
longtemps et si vaillamment pour l'indépendance de l'Europe ; qui fut le boulevard de l'Occident, quand les Os-
manlis menaçaient la chrétienté[1] ! Le Polonais a rougi de
son sang et sa terre natale et celle de ses voisins, pour que
la Croix ne fût pas renversée, pour n'y pas voir substituer
le croissant par l'ennemi du nom chrétien.

Le jour où la Moscovie envahit la Pologne, l'Orient en-
traîna l'Occident, la barbarie fit une irréparable conquête
sur la civilisation.

Si la Pologne eût existé au commencement de ce siècle,
si cette clef de voûte de l'édifice politique n'eût pas fait
défaut au Continent, est-il présumable que l'occident de
l'Europe eût été forcé d'envoyé ses enfants périr miséra-
blement dans le climat affreux de la Russie, et qu'à son
tour la Moscovie, à demi barbare, eût envoyé les siens

---

[1] On sait que le célèbre publiciste anglais Burke date l'ère des
révolutions en Europe, du premier partage de la Pologne ; que de cet
ébranlement de l'équilibre politique provinrent, selon lui, une partie
des bouleversements subséquents dont l'Europe fut le théâtre.

camper sur les bords du Rhin et de la Seine ? Lorsque, sous
le Bas-Empire, les hordes du Nord eurent goûté les dou-
ceurs de l'Italie, le souvenir ne s'en effaça pas, et le Nord
ne tarda point à venir s'élancer sur le Midi ; la rudesse sau-
vage de ses populations triompha facilement d'une civilisation qui avait amolli, vicié les populations du Midi : un
pareil destin serait-il reservé à l'occident de l'Europe ?

Ce que la France et l'Angleterre ont laissé faire pour la
Pologne, le laisseront-elles également faire pour la Turquie,
lorsque la Russie croira que le moment est venu de s'établir sur les rives de Bosphore ?

Voulez-vous savoir, Sire, pourquoi tant de questions
politiques, qui en d'autres temps eussent principalement
absorbé l'attention des cabinets, restent en suspens, et
sans qu'on ait l'air de s'inquiéter bien vivement de leur
solution ?

Pourquoi on laisse les Espagnols s'entr'égorger, et les
partis se disputer une terre, qui bientôt ne sera qu'un
vaste charnier, où rien que des ruines attesteront le passage des populations qui ne seront plus ?

Pourquoi le roi des Pays-Bas et le roi des Belges pro-
longent à l'infini une parodie politique, qui compromet à
la fois les intérêts des parties intéressées et la dignité des
grandes puissances, qui se sont posées comme arbitres dans
cette interminable querelle de deux petits peuples ?

Pourquoi le nom de Pologne a disparu une seconde fois
de la liste des nations, après que l'Europe entière l'y eut
réinscrit en 1815 ?

C'est que toutes ces questions, et nombre d'autres, qui à
une autre époque eussent eu un intérêt direct, immédiat,

n'ont, à l'heure qu'il est, et en présence de la question principale entre l'Occident et l'Orient, qu'un intérêt très-secondaire.

C'est à la France de 1830 qu'appartient l'honneur de la résoudre, en comblant cette lacune du traité de Vienne, qui laissa la Porte Ottomane en dehors des arrangements qui furent arrêtés à cette époque entre les cinq puissances. Seule la Russie était intéressée à laisser la Turquie en dehors du droit public européen, mais toutes les autres puissances, et en particulier la France, sont intéressées à garantir l'existence de l'empire Ottoman, à le mettre à l'abri de toute atteinte de la part d'un voisin ambitieux, et à se créer un allié dans la Porte, pour contre-balancer la puissance déjà si prépondérante de la Russie dans l'Orient.

La solution de cette question est la question dominante de votre règne ou de celui de votre successeur; ce que les Bourbons de la branche aînée ne pouvaient pas faire, vous le pouvez, Sire.

Ce serait une étrange aberration de s'imaginer que la Providence vous a couronné seulement pour que vous et vos successeurs puissiez avoir la satisfaction de porter l'antique couronne, apanage de la branche aînée de votre race.

Un but plus grand, plus glorieux se révèle dans cette Révolution qui vous porta au trône : c'est un but européen; c'est la rupture de l'alliance monstrueuse entre l'Orient et l'Occident; la rupture entre les cours de Saint-Pétersbourg et des Tuileries. Des liens de reconnaissance, mais d'une reconnaissance funeste pour l'Europe et pour la catholicité, attachaient les Bourbons de la branche aînée à la famille et à la politique des czars. Le choix d'un roi a rompu cette alliance ; avant 1830, ces deux principales puissances de l'Europe, la France et la Russie, par l'organe de leurs souverains respectifs, se tendaient la main. C'était une alliance, où l'Orient avait tout à gagner, l'Occident tout à perdre. Aujourd'hui la France et la Russie sont placées dans une situation naturelle ; elles s'observent la main posée sur la garde de leur épée.

Au dix-septième siècle un grand homme, Guillaume III, vint en Angleterre, et s'y fit couronner par la nation, pour rompre l'alliance britannique et française, qui menaçait l'Europe dans son indépendance. L'alliance fut rompue, le Continent fut sauvé, et Guillaume III proclamé le libérateur et le défenseur de l'Europe.

Sire, soyez le Guillaume III du dix-neuvième siècle. Aujourd'hui comme à l'époque de ce grand prince, l'Europe sent le besoin d'avoir un défenseur ; l'Occident de l'Europe a les yeux fixés sur vous ; car il sait ce que peut un roi à la tête de 32 millions de Français.

Telle est la mission européenne qui vous est imposée, Sire ! Dieu veuille pour le bonheur des peuples, des nations, et pour votre gloire personnelle, que vous sachiez la remplir : c'est à cette condition, mais à cette condition seulement, que vous et vos successeurs vous vous ferez un grand nom, et que vous parviendrez à vous concilier à jamais l'amour et le respect des peuples.

Si j'étais Français [1], Sire, je ne croirais point déroger à

---

[1] Cette lettre fut écrite à une époque où l'auteur avait formé le projet de se faire naturaliser en France ; mais lorsqu'il vit dans quelles

ma qualité d'homme libre, en me disant votre très-humble sujet ; étranger, je dois me borner, en faisant des vœux sincères pour le bonheur et la grandeur de la France, à me dire avec respect,

Sire,

De votre Majesté,

Le très-humble et très-obéissant serviteur,

GROVESTINS.

Ce 10 décembre 1838.

eaux immondes la pensée immuable dirigeait le vaisseau de l'État, il ne tarda pas à renoncer à son dessein ; puisque celui qui écrit ces lignes ne connaît pas de plus grand supplice, que celui d'avoir à rougir pour le gouvernement de son pays.

A M. GUIZOT.

Montmorency, ce 8 mai 1838.

MONSIEUR,

C'est peut-être une présomption déplacée de ma part de vous adresser ces lignes, et je commence par vous faire mes très-humbles excuses de ce qui pourrait y avoir d'insolite dans la démarche que je me permets auprès de vous ; moi, dont le nom n'est, à coup sûr, jamais parvenu jusqu'à vous.

Cependant, Monsieur, j'ai pris courage en me disant : amis ou inconnus ont des chances égales en s'adressant à M. Guizot, lorsqu'il s'agit de faire faire un pas en avant à l'éternelle raison, à la saine philosophie.

Me suis-je trompé, Monsieur ? suis-je dans l'erreur ? Dans ce cas-là, veuillez me pardonner d'être venu interrompre un instant vos méditations ou troubler vos loisirs. — Si au contraire j'ai deviné juste, dans ce cas-là, Monsieur, veuillez me permettre de vous exposer succinctement ce que j'écrivis il y a quelque temps à un de mes correspondants en Angleterre, à l'ami du célèbre Fox, à l'élève en politique de l'historien des derniers rois de la maison des Stuart.

Le but de ma lettre était de lui exposer mes opinions relativement à la Révolution de 1688 et relativement à celle, peut-être plus mémorable encore, de 1830. Je lui demandais en sa qualité d'Anglais jusqu'à quel point il trouvait un caractère d'analogie, des points de rapprochement, entre ces deux grands événements de l'histoire moderne ; je lui écrivais entre autres ce qui suit, Monsieur :

« Je suis condamné à entendre répéter autour de moi, et
» cela, pour ainsi dire, sans appel : — La révolution de
» 1688 est une œuvre d'aristocratie, et celle de 1830, une
» œuvre de démocratie et de souveraineté nationale, — d'où
» on tire cette conclusion : qu'il n'y a aucune ressemblance
» entre ces deux révolutions.

» Voilà tantôt treize années de mon existence que j'ai
» consacrées à l'histoire de Guillaume III, et j'avoue que
» rien ne me paraît plus absurde que d'entendre ravaler la
» révolution de 1688 à une œuvre d'aristocratie, et rien de
» plus faux que d'entendre décider qu'il n'existe aucune
» ressemblance entre la révolution de 1688 et celle de 1830.
» Quant à moi, il me semble qu'il existe une grande ana-
» logie entre ces deux événements. Voici de quelle manière
» ils se présentent, l'un et l'autre, à mon esprit :

» Les grands points de ressemblance qui existent entre
» les révolutions de 1688 et de 1830, sont : qu'elles furent
» l'une et l'autre nationales ; que la branche aînée de la dy-
» nastie régnante tomba du trône et que la branche cadette
» fut appelée, par élection nationale, à la remplacer,
» moyennant certaines conditions que la nation lui imposa
» en prenant possession du trône.

» Voilà les grands points de ressemblance, et en fait de

» révolution, c'est beaucoup. Ce fut ainsi qu'on considéra
» la chose peu de jours après l'avénement de Louis-Phi-
» lippe Ier.

» On oppose à cela les points de dissemblance suivants :

» La révolution de 1688 fut empreinte, dit-on, d'un ca-
» ractère essentiellement aristocratique, ce qui implique
» qu'elle ne fut point nationale ; qu'elle fut l'ouvrage d'une
» caste privilégiée ; tandis que la révolution de 1830 porte
» le cachet de la démocratie, c'est-à-dire de la souveraineté
» nationale.

» Dire que la révolution de 1688 fut une œuvre d'aristo-
» cratie, n'est-ce point parler dans un sens beaucoup trop
» absolu ? Car l'aristocratie anglaise, les pairs spirituels et
» temporels, se joignirent au peuple, l'élément démocrati-
» que, pour faire cette révolution ; ce qui lui imprima un
» caractère de nationalité, que certes elle n'eût point eu,
» si les pairs seuls se fussent arrogé le droit de décerner
» la couronne à Guillaume III et à la princesse Marie ; et
» Guillaume lui-même était pénétré de cette vérité.

» En France, où, depuis la fin du siècle dernier, il n'existe
» plus à vrai dire d'aristocratie, il eut été difficile de faire
» une révolution empreinte d'un caractère aristocratique ;
» mais dans un pays où il n'existe point d'aristocratie con-
» stituée, il n'existe pas non plus de démocratie, l'absence
» de l'une exclut l'autre : tout alors vient se confondre dans
» la généralité de la nation, où l'on rencontre le riche et le
» pauvre, le duc, le grand seigneur, ayant quelques cent
» mille livres de rentes, et l'artisan qui vit de son labeur ;
» dans ce pêle-mêle de toutes les classes de la société, il est
» difficile de reconnaître le caractère *exclusif de la démocra-*

» *lie*, mais on y trouve la nation forte et puissante, compo-
» sée de tous les différents degrés qui se présentent dans
» la société par suite des richesses, des lumières, des talents,
» de l'activité, de l'ordre, de l'économie des uns, de la pa-
» resse, des vices, de l'ignorance des autres ; différences qui
» subsisteront toujours dans la société, quelle que puisse
» être la forme de gouvernement qui la régit. Or, c'est la
» majorité de cette nation qui a fait, qui a sanctionné la
» révolution de 1830.

» Ainsi il ne me paraît pas plus exact de dire que la ré-
» volution de 1688 fut exclusivement une œuvre d'aristocra-
» tie, que de soutenir que celle de 1830 fut exclusivement
» l'ouvrage de la démocratie. Ces deux révolutions ont été,
» selon moi, l'une et l'autre, l'œuvre de la nation, telle
» que cette nation était organisée en corps social et politi-
» que, en Angleterre, à l'époque de 1688, et telle que la
» nation se trouvait organisée, en France, en 1830. »

Voilà ce que j'eus l'honneur d'exposer à Sir Robert
Adair, et à l'appui de ce que je lui disais, je me permis
d'énoncer le doute suivant : « Quelque grande que puisse
» avoir été l'influence de l'aristocratie anglaise en 1688,
» la masse de la nation n'était point dominée par elle, et si
» cette nation n'avait pas voulu de Guillaume III pour son
» roi, il eût été, je crois, impossible à cette aristocratie de
» l'imposer de son chef au peuple anglais. »

D'où je conclus, Monsieur, qu'il fallut, en 1688, l'assenti-
ment du peuple, de l'élément démocratique en Angleterre,
pour maintenir le nouveau trône que la révolution y avait
fondé sur les ruines de celui des Stuart, et que par conséquent cette révolution fut bien véritablement nationale.

Je ne disconviens point, Monsieur, qu'à l'époque de la révolution de 1688, ce furent quelques pairs spirituels et temporels, quelques notabilités sociales, en dehors de la pairie, qui jouèrent le premier rôle, qui prirent l'initiative, qui donnèrent l'impulsion au mouvement populaire ; que ce furent ces hommes qui préparèrent la voie à cette révolution, que la nation adopta comme son œuvre, qu'elle sanctionna presque aussitôt que Guillaume III eut foulé le sol anglais. Pourquoi ? parce que l'homme de cette révolution n'était pas en Angleterre, qu'à cette époque il était encore en Hollande ; que la révolution ne put devenir l'œuvre de la nation que lorsque le libérateur eut planté son étendard en Angleterre. La révolution de 1688 arriva à pas lents et mesurés ; celle de 1830 comme un coup de tonnerre. Dans celle-ci on voit le peuple, les députés de la nation, les notabilités sociales qui interviennent de prime abord et simultanément.

Ici l'esprit du siècle se fait sentir d'une manière irréfragable. Dans le XVIIe siècle, les lumières partaient d'en haut, et éclairaient les masses ; dans le XIXe, les masses sont plus éclairées, elles n'ont plus besoin de guides ; le bon sens national indique le mal, il indique le remède, la route qu'il faut suivre, et la majorité la suit par une force instinctive et s'y rallie tout d'abord.

Les deux révolutions dont je me permets de vous entretenir, Monsieur, furent, l'une et l'autre, des événements admirables ; mais celle de 1830 a l'avantage sur sa sœur aînée qu'elle se fit sans le concours d'une intervention étrangère ; que la France ne dut sa délivrance qu'à l'énergie et au bon sens de ses propres enfants.

Mais s'il en est ainsi, Monsieur, si la révolution de 1830 fut une œuvre nationale, n'est-ce pas s'écarter du vrai que de la représenter comme une œuvre de démocratie pure. Lorsque, dans ces jours pleins de si hautes et si importantes leçons, un trône s'écroulait à la voix d'une nation rugissante de colère, et qu'un autre trône s'élevait au milieu d'un concours universel d'espérances pour l'avenir, on vit prendre part à la réédification des hommes qui portaient un nom presqu'aussi ancien que celui de l'établissement monarchique en France. Peut-on attribuer à la démocratie pure un mouvement auquel s'associèrent des Périgord, des Mortemart, des Molé, etc. ?

Ces illustrations de la vieille noblesse d'épée et de robe se sont jointes à la bourgeoisie et au peuple, et c'est ce qui donne un caractère véritablement national à la révolution de Juillet.

Je crois volontiers que la France aime sincèrement la liberté ; elle a fait, depuis près d'un demi-siècle, des sacrifices et des efforts trop grands pour l'obtenir, pour qu'on en puisse douter ; mais il y a en France une chose que l'on prise à tout prendre plus haut que la liberté, c'est l'égalité, et ce sentiment y date de loin. C'est lui qui fit trouver grâce, dans tous les temps, aux niveleurs en France. Richelieu en profita pour battre en brèche les restes de l'esprit de la féodalité. Louis XIV, essentiellement niveleur quoique despote, fut redevable à ce sentiment d'égalité de pouvoir fonder son établissement monarchique sur les ruines des derniers vestiges de la liberté nationale. Il n'y eut plus en France qu'un roi et son peuple.

Ses faibles successeurs ne furent point en état de maintenir ce qu'il avait établi. L'empire qu'exerçaient quelques grandes familles sous le règne de Louis XVI blessa mortellement l'esprit d'égalité qui, de jour en jour, prenait plus de force et de consistance en France. Dès l'aurore de la révolution de 1789, ce sentiment éclata dans la scène de la nuit du 4 août, spectacle unique dans l'histoire du monde.

Qu'est-ce qui constitue la popularité dont Napoléon jouit encore? C'est que la France, qui avait déjà été à l'école du despotisme sous Louis XIV, trouva dans Napoléon un despote mille fois plus despote que Louis ; mais, en retour, elle trouva aussi en lui un niveleur bien plus déterminé, bien plus audacieux[1]. Tout pliait sous son sabre. Tous indistinctement recevaient, étaient tenus de recevoir sa loi, avec soumission, avec docilité ; il n'y avait d'exception pour personne. Si cet état de subordination à la force brutale abaissait les notabilités sociales, il relevait en quelque sorte les classes inférieures, en plaçant indistinctement tout le monde sur la même ligne. C'était la perfection de l'égalité au sein du despotisme, et c'est là, je crois, ce qui rendit Napoléon populaire pendant un temps en France.

Du système de privilége de l'ancienne monarchie il ne reste aujourd'hui que des titres qui, à eux seuls, ne constituent point une aristocratie, et quelques grandes fortunes, soit d'origine patrimoniale, soit nouvellement acquises. L'ancienne aristocratie, ayant tout perdu, en est venue au point d'invoquer aujourd'hui l'égalité qu'elle détestait cor-

---

[1] « Je suis l'Empereur du peuple, » disait-il.

dialement il y a 50 ans. Cette égalité est devenue sa seule sauvegarde à l'époque actuelle.

Telles sont les considérations que je me permets de vous soumettre, heureux si je puis acquérir la certitude que je ne suis pas dans l'erreur, et que je comprends et la révolution de 1688 et celle de 1830.

J'ai l'honneur, etc.

GROVESTINS.

RÉPONSE DE M. GUIZOT.

Je partage presque complétement, monsieur le Baron, votre idée ou plutôt vos idées sur les deux révolutions de 1688 et de 1830. Quoique diverses par la forme, elles se ressemblent beaucoup au fond. Des acteurs différents ont joué le même drame. Des principes à peu près pareils ont employé des instruments divers ; et je crois aussi qu'on a tort de donner à la révolution de 1830 le titre spécial de *Démocratique*. C'est l'état de la société en France qui est démocratique. La révolution de 1830, prise en elle-même et dans les quelques jours qui l'ont accomplie, n'a été ni démocratique, ni aristocratique, mais tout simplement nationale, c'est-à-dire accomplie par le concours ou du moins

3

de l'aveu de presque tous au milieu du silence absolu de quelques-uns. Elle a, il est vrai, donné une nouvelle force et imprimé un nouvel élan au principe démocratique, déjà si prépondérant, et encore si mal compris et si mal réglé parmi nous. Finira-t-il par être compris et réglé? Deviendra-t-il un principe d'organisation et de création, après avoir été un principe de guerre et de destruction? Je l'espère. Là est le secret de notre avenir.

Agréez, je vous prie, Monsieur, mes remercîments, etc.

GUIZOT.

LETTRE

A

M. LE COMTE VANDER DUYN

SUR LES PRÉDICTIONS

DE MM. DE CHATEAUBRIAND, FITZ-JAMES ET CAVAIGNAC,

EN 1831.

La brochure de M. de Châteaubriand, sur la *Légitimité et la Monarchie élective*, a été, on peut le dire, un événement. Elle a fait hier l'occupation de tout Paris. L'occasion de la publication de cette brochure est la proposition de M. Baude, relativement au bannissement perpétuel de l'ex-roi Charles X et de ses descendants.

M. de Châteaubriand parle beaucoup de sa position personnelle, de son refus d'adhésion au gouvernement actuel, de son affection pour Henri V, qu'il aurait désiré voir appeler au trône par le vœu national, mais qu'il repousserait de ses efforts s'il rentrait en France appuyé sur les baïonnettes étrangères.

Il regarde comme inévitable une lutte à mort entre la royauté élective et la liberté : il faut que l'une ou l'autre succombe au profit de la dictature ou de la République : la monarchie nouvelle n'a que peu de chances de durée, exploitée qu'elle est par des hommes de tous les régimes, par des hommes qui, pour la plupart, n'ont prêté serment que pour sauver leur position sociale et l'avenir de leurs familles, et qui seraient tout prêts à prêter de nouveaux serments si les circonstances exigeaient une résignation nouvelle. Il convenait de s'entourer de jeunes capacités, d'une génération pure et énergique (la jeune France, à la barbe de bouc); c'est étayé sur cet appui, qu'aurait surgi le trône de Henri V.

M. de Châteaubriand traite assez mal le roi parjure et ces imbéciles courtisans, qui, au jour du danger, s'occupaient moins à organiser la résistance qu'à méditer des rigueurs et des vengeances, en cas de victoire. Un abime, dit-il, est placé entre eux et lui, et du passé, il ne lui reste de sympathie que pour un jeune prince, que la révolution de 1830 aurait façonné à son goût et à ses exigences.

Il rend, ou, pour mieux dire, il renouvelle un éclatant hommage aux hommes de Juillet. Il n'en faut pas davantage pour motiver l'anathème dont il prétend avoir été frappé depuis longtemps par une faction ennemie de la France.

Voué désormais à l'isolement à la retraite, M. de Châteaubriand se compare à ces moines du moyen âge qui, dans un obscur asile, se condamnaient à faire pénitence pour le salut de tous; il se console en s'occupant de ses souvenirs et en se rappelant que M. Canning et lui ont eu la pensée de reconstituer la société européenne et de rendre à la France l'importance et la force qui, au temps passé, lui ont donné le premier rang parmi les nations.

Voilà en peu de mots l'analyse de la brochure qui occupe le public.

Voici le jugement que je porte sur cette œuvre : M. de Châteaubriand est un homme d'infiniment d'esprit, ce qui, par parenthèse, n'implique pas toujours le jugement.

M. de Châteaubriand comprit, au mois d'août dernier,

que le rôle que la chambre des pairs avait joué dans les
Journées de Juillet avait été si nul, si peu conforme à sa
dignité, comme l'un des grands pouvoirs de l'État, que
cette assemblée allait immanquablement subir la peine de
son incurie, et de s'être, pour ainsi dire, suicidée. Il pré-
voyait qu'une modification importante allait être apportée
à l'institution de la pairie, pour la mettre en rapport avec
la révolution de 1830, à laquelle elle était pour ainsi dire
restée étrangère, qu'elle avait subie, comme une nécessité
inévitable, plus par intérêt pour sauver sa propre existence, que par un sentiment de sympathie.

M. de Châteaubriand comprit, à cette époque, qu'il y avait
plus de dignité à abandonner de plein gré une assemblée
dont l'existence était si évidemment compromise, que de
se voir plus tard réduit à se débattre contre l'opinion publique, qui, à tort ou à raison, condamnait d'avance l'héré-
dité de la pairie. Il s'est donc hâté de renoncer à la pairie,
avant qu'on eût mis la hache dans cette institution ; il a
fait ce sacrifice, en proclamant son attachement au principe
de la légitimité.

Aujourd'hui, M. de Châteaubriand croit voir dans le
lointain la possibilité de rentrer aux affaires. Il soutient sa
thèse, tout en se ménageant une issue qui lui permettra de
sacrifier ses plus chères affections ; car il dit en terminant
son opuscule, que si les puissances étrangères voulaient
imposer par la force des armes à la France, cette même légitimité à laquelle il dit être si dévoué, il réunirait ses
efforts contre cette même légitimité, en soutenant la cause
de la branche cadette des Bourbons contre la branche
aînée.

Enfin, je ne vois dans l'écrit de M. de Châteaubriand que l'expression d'un homme qui sent le besoin de sortir de l'espèce d'isolement dans lequel il s'est placé, et qui se propose d'en sortir, aussitôt qu'il le pourra sans compromettre trop ouvertement sa réputation ; un coup de canon tiré contre la France, et je crois que l'on verrait M. de Châteaubriand faire son apparition à la cour citoyenne.

Quand l'auteur de la brochure dit : « Je ne crois ni aux » peuples ni aux rois, » que faut-il penser de cela ?

Dire : Je ne crois plus aux peuples, dans un moment et à une époque où les peuples ont donné des preuves si manifestes de leur volonté, est, au moins, une simplicité.

Ne plus croire aux rois, me paraît être aussi une sentence prise dans un sens beaucoup trop absolu ; ne plus croire aux rois qui seraient assez aveugles pour ne pas vouloir gouverner dans l'esprit de leurs peuples, eût été placer la question sous un point de vue plus vrai, plus logique, plus rationnel. Mais l'excessive vanité de M. de Châteaubriand est toujours là ; il veut qu'on parle de lui, ne fût-ce que pour critiquer ses paradoxes.

———

Je me défie des prophètes quand ils parlent dans le style des Écritures ; car des prophéties de ce genre sont quelquefois admirablement propres à être interprétées, soit dans un sens affirmatif, soit dans un sens entièrement opposé, ce qui fait que le prophète a toujours raison quoi qu'il arrive.

Quand on se fait prophète, j'aime, par conséquent, qu'on

soit explicite, au risque d'être faux prophète, si la prédiction ne s'accomplit point.

Nous avons eu, ces jours derniers, deux hommes qui se sont mis à prophétiser ; et s'ils ne soufflaient point le chaud et le froid de la même bouche, les deux bouches réunies offraient ce spectacle ; car tandis que l'un prédisait le retour immanquable de la légitimité, l'autre assurait aussi positivement l'établissement, plus ou moins prochain, de la République. Lequel de ces deux hommes faut-il croire ? Car croire à tous les deux à la fois, c'est chose impossible. Qui sera le vrai, qui sera le faux prophète des deux ?

L'un prophétisait à la Chambre des Pairs, à l'occasion de la discussion sur la loi qui expulse à perpétuité la branche aînée, que les Bourbons rentreraient un jour triomphants, en dépit de cette loi. Voici un passage de ce discours :

« L'exclusion de la branche aînée des Bourbons est un
» fait accompli. Trois générations de rois ont été jugées,
» condamnées, exécutées, on peut le dire. Que veut-on de
» plus ? Fortifier ce fait, lui donner de la durée, de la per-
» manence, de l'éternité, en le faisant prononcer par une
» loi ? Détrompez-vous. Ce fait, il durera autant que Dieu
» lui permettra de durer ; pas une minute au delà. Que sont
» devenus ces serments de haine à la royauté, ces lois de
» mort contre quiconque oserait prononcer le nom de roi ?
» Napoléon vint, les biffa d'un trait de son épée, et les lé-
» gislateurs de la mort furent les premiers à tomber à ses
» pieds. J'ignore les destinées que la Providence réserve à
» mon pays, j'ignore ce qu'elle a décidé de l'avenir de cet
» enfant sorti du tombeau de son père, et que la calomnie

» la plus abjecte a poursuivi déjà jusque dans son berceau,
» et je sens qu'il est téméraire de vouloir sonder des profon-
» deurs mystérieuses dont Dieu seul à la clef.

» De deux choses l'une ; ou l'exil de cet enfant doit être
» éternel, ou la France le replacera sur le trône de ses
» pères. Dans le premier cas, ce ne sera pas la loi proposée
» qui cimentera sa condamnation ; ce sera la liberté, la
» paix, le bonheur dont le gouvernement qui a succédé à la
» branche aînée, saura faire jouir la France. Rendez la France
» heureuse si vous le pouvez, et les pensées ne se porteront
» point ailleurs. Dans la seconde supposition, comme il ne
» pourrait jamais être rappelé que par la force des choses,
» par la conviction intime de tous les Français, par une
» loi unanime de salut qui sortirait à la fois de toutes
» les bouches, une telle puissance est irrésistible, et votre
» loi serait alors entraînée par le torrent qui en a déjà en-
» glouti tant d'autres. Ah ! MM. les ministres, assurez au
» pays son existence de demain, si vous le pouvez, et ne
» lui faites pas de l'éternité. »

Plus loin l'orateur ajoute encore :

« Qu'on ne me parle pas davantage d'une *barrière in-
» surmontable, d'un mur d'airain* que l'on veut élever entre
» la France et la branche aînée. Je ne connais pas de bar-
» rière insurmontable à la volonté de l'homme, quand il
» cherche son bonheur et son salut , à la volonté d'un peu-
» ple dont vous avez placé le principe de la souveraineté
» en tête de vos lois. C'est méconnaître le principe que de
» prétendre enchaîner son avenir ; que de lui dire, sur
» une question toute de souveraineté, toute relative au
» droit qu'il a de la déléguer : « Tu iras jusque là, tu

» n'iras pas plus loin ; tu voudras toujours, tes enfants
» voudront toujours ce que tu veux aujourd'hui. » Je
» voudrais bien une fois que l'on se mît d'accord avec
» soi-même. — Un des buts que l'on se propose est de
» couper tous les fils qui rattachent la branche aînée des
» Bourbons à la France. Cette intention a été avouée, on y
» est revenu plusieurs fois comme à une idée lumineuse, et
» l'on ne peut s'empêcher de sourire en voyant des hommes
» raisonnables, ou qui devraient l'être, avancer sérieuse-
» ment de telles absurdités. Effacez donc toute l'histoire de
» France ; c'est elle qui contient ces fils qui vous semblent
» si dangereux. Eh bien ! traversez ces huit siècles entre-
» mêlés de gloire et de malheur (je le sais, c'est l'histoire de
» tous les peuples), mais huit siècles qui portèrent la France
» au premier rang parmi les nations ; traversez-les, si vous
» pouvez, sans retrouver à chaque pas le nom des Bourbons,
» sans retrouver ces fils que la haine croit pouvoir anéan-
» tir. Ne dateriez-vous nos annales que de l'ère de la révo-
» lution du 14 juillet 1789, on les retrouverait encore au
» long sillon de sang qui la traverse. Faites plus ; encore une
» loi tandis que vous êtes en train de vous acharner sur le
» malheur. Au nom de la liberté, défendez à tous les Français
» de prononcer même ce nom proscrit ; au nom de la liberté
» d'enseignement, ordonnez à vos professeurs de brûler
» tous les livres où l'on parle d'eux. Vains efforts ! Ce nom,
» il brillera d'autant plus qu'on ne le trouvera tracé nulle
» part, et les cœurs fidèles et reconnaissants sont un sanctuaire
» où vous ne pourrez jamais l'atteindre. Ils ont résisté à bien
» d'autres épreuves, et ne redoutent pas celles qu'on leur pré-
» pare, parce qu'il est dans la nature de l'homme de s'atta-

» cher au malheur, et que la générosité est sa plus
» noble attribution. Que l'on renonce donc à de vaines ten-
» tatives ; ces mesures mesquines et pitoyables font naître les
» partis, et loin de les étouffer, leur donnent un corps, une
» âme, une action. »

Vous venez de lire quelques passages de la prophétie légitimiste, voici le tour des prophéties républicaines ; celles-ci se prononçaient à la cour d'assises, à l'occasion de la conspiration des patriotes. L'orateur, après s'être déclaré républicain de cœur et de conviction, a dit entre autres :

« S'il est un parti en France qui ne conspire pas, c'est
» le parti républicain, car il est convaincu qu'il n'a qu'à
» laisser aller les choses ; que ceux-là conspirent pour qui
» chaque jour est une chance de moins ; qui sont obligés
» d'avoir recours à leur énergie personnelle, de tenter un
» coup de fortune politique, parce que leur siècle les re-
» pousse, parce qu'ils n'ont d'autres ressources que des
» complots, d'autre avenir que celui qu'ils joueraient con-
» tre leurs têtes, je le concevrais. Il y a, sans doute, au
» moins un parti comme cela en France ; mais le parti
» républicain serait bien fou de compromettre une cause
» dont le succès est immanquable, par des entreprises
» inutiles. Il faudrait qu'il eût bien la fureur de livrer à la
» justice des lois des têtes qui peuvent se reposer sur la
» fortune des peuples. »

Et plus loin il ajoute :

« Avec ce que nous attendons il nous est facile d'atten-
» dre. Les partis qui ont de l'avenir ont de la patience ;
» d'ailleurs, nous sommes jeunes, et dans ce temps le monde
» va vite.

» A une révolution, quelque belle, quelque facile qu'elle
» ait été, succèdent toujours des difficultés immenses. La
» monarchie se charge de cette tâche : tant pis pour elle,
» tant mieux pour nous ; si elle ne réussit pas cette fois,
» c'est fait d'elle ; et, dans notre conviction, elle ne peut
» pas réussir, car les nations sont travaillées aujourd'hui
» d'un mal si profond, si inexplicable, si corrosif ; il y a
» dans la société un dissolvant si énergique de tous les
» moyens de pouvoir, que le pouvoir est à refondre tout
» entier ; et, en vérité, à voir les besoins qui tourmentent
» le monde, il semble qu'un Dieu même trouverait plus
» difficile de le gouverner que de le refaire...... Nous vi-
» vons dans le siècle des gouvernements suicides. La mo-
» narchie fera nos affaires ; elle s'épuisera à notre place, elle
» conspirera pour nous.

» Et qu'on ne nous reproche pas à nous, de ne nous être
» point ralliés à un fait accompli, le gouvernement actuel.
» Sans doute, un fait accompli est toujours d'une grave
» considération pour des gens raisonnables, mais c'est à
» condition que ses conséquences s'accorderont avec leurs
» principes. Or, que voyons-nous depuis Juillet ? Quel in-
» térêt veut-on que des hommes jeunes et de bonne foi
» prennent sérieusement à toutes ces vieilleries de la Res-
» tauration, qu'on s'efforce de déguiser sous quelques mots
» plus ou moins neufs ? Messieurs, nous regardons tout cela
» avec la plus profonde indifférence ; c'est une dernière
» épreuve qu'on fait devant nous, et nous savons qu'en
» penser ; mais il n'y a rien au monde dont nous soyons
» plus insouciants. C'est que nous savons bien aussi que
» la destinée de notre pays n'a rien à démêler avec tout cela,

» qu'elle ne s'accomplira pas moins ; c'est que nous avons
» une juste idée de sa force, de sa vocation, de son avenir ;
» c'est que nous le voyons tel que la nature l'a voulu, non
» pas le maître, mais le chef du monde civilisé, et réalisant
» par sa puissance morale cet empire universel que l'am-
» bition de quelques grands hommes despotes a rêvé, et
» que le génie de cette grande nation libre exerce toujours,
» et conservera, malgré les petites gens d'État qui la gou-
» vernent. »

Ainsi, d'une part, on annonce le retour des Bourbons,
et, de l'autre, on dit que la République est à la porte,
prête à s'implanter en France, et, grâce à elle, dans le
reste de l'Europe. Ceci se passait en face du même peuple,
dans la même ville, peu s'en faut le même jour. Qui faut-il
croire encore une fois ? Ceci m'a paru une chose si curieu-
se, que j'ai réuni les prophéties de M. le duc de Fitz-James et celles du citoyen Cavaignac, pour pouvoir juger,
dans la suite, à qui la gloire d'avoir entrevu la vérité devra
être attribuée.

Que M. Cavaignac me montre un homme qui puisse
réaliser la République, et je commencerais à croire que la
chose soit possible ; mais, aussi longtemps qu'on ne m'in-
diquera du doigt qu'une multitude mouvante et agitée
comme les flots de la mer, pour réaliser cet établissement
républicain, je serai incrédule. A côté de la République,
je trouve la dictature ; point de dictature, point de République. Lafayette n'est pas de l'étoffe dont on fait les
dictateurs. Celui-ci ne convenant point, je ne vois point
où l'on pourrait aller en chercher un autre. Mes études sur
l'histoire m'ont appris que toute forme de gouvernement

n'est viable que pour autant qu'il se résume dans un homme; que ce gouvernement soit monarchique ou républicain, c'est tout un.

Quant aux prophéties de M. le duc de Fitz-James, je le renvoie aux annales de sa famille; elles sont riches en leçons. M. de Fitz-James a du sang anglais et écossais dans les veines; et pourquoi, s'il vous plaît, est-il Français aujourd'hui? C'est parce qu'il y a des déchéances royales qui sont irrévocables. Lui, plus que tout autre, devrait se ressouvenir de cette terrible vérité.

Si je portais les armes de la maison de Stuart dans mon écusson, je frémirais de prononcer le mot de restauration, dans la crainte que ce mot, dans ma bouche, ne portât malheur à celui à qui je souhaiterais un semblable triomphe. Il y a des noms sur qui pèse une fatalité inévitable, et si j'étais Bourbon, je croirais entendre le cri d'un oiseau de mauvais augure, en entendant un rejeton de Jacques II me prédire un avenir heureux et triomphant. Voilà les observations que j'ai faites en lisant les prédictions de ces deux champions d'un ordre de chose si différent. Ce sont peut-être les illusions des deux partis opposés au gouvernement, qui constituent la force véritable des hommes du parti modéré; car certes la modération ne se trouve ni du côté des amis de M. de Fitz-James, ni du côté des partisans du citoyen Cavaignac.

GROVESTINS.

Imprimerie de BEAU, à St-Germain-en-Laye, rue au Pain, 61.